走遍世界很简单

ZOUBIAN SHIJIE HENJIANDAN

老挝大探秘

LAOWO DATANMI

知识达人 编著

成都地图出版社

图书在版编目（CIP）数据

老挝大探秘/知识达人编著 . — 成都 : 成都地图出版社, 2017.1（2021.10 重印）
（走遍世界很简单）
ISBN 978-7-5557-0412-6

Ⅰ.①老… Ⅱ.①知… Ⅲ.①老挝-概况 Ⅳ.①K933.34

中国版本图书馆 CIP 数据核字 (2016) 第 208206 号

走遍世界很简单——老挝大探秘

责任编辑：魏玲玲
封面设计：纸上魔方

出版发行：成都地图出版社
地　　址：成都市龙泉驿区建设路 2 号
邮政编码：610100
电　　话：028－84884826（营销部）
传　　真：028－84884820

印　　刷：唐山富达印务有限公司
（如发现印装质量问题，影响阅读，请与印刷厂商联系调换）

开　　本：710mm×1000mm　1/16
印　　张：8　　　　　　　字　　数：160 千字
版　　次：2017 年 1 月第 1 版　印　　次：2021 年 10 月第 4 次印刷
书　　号：ISBN 978-7-5557-0412-6
定　　价：38.00 元

前　言

　　美丽的大千世界带给我们无限精彩的同时，也让我们产生很多疑问：世界上到底有多少个国家？美国到底在什么地方？为什么奥地利有那么多知名的音乐家？为什么丹麦被称为"童话之乡"？……相信这些问题经常会萦绕在小读者的脑海中。

　　为了解答这些问题，我们精心编写了这套《走遍世界很简单》系列丛书，里面蕴含了世界各国丰富的自然、地理、历史以及人文等社会科学知识，充满了趣味性和可读性，力求让小读者掌握最全面、最准确的知识。

　　本系列丛书人物对话生动有趣，文字浅显易懂，并配有精美的插图，是一套能开拓孩子视野、帮助孩子增长知识的丛书。现在，就让我们打开这套丛书，开始奇特的环球旅行吧！

路易斯大叔

美国人，是位不折不扣的旅行家、探险家和地理学家，足迹遍布全世界。

多多

10岁的美国男孩，聪明、活泼好动、古灵精怪，对一切事物都充满好奇。

米娜

10岁的中国女孩，爸爸是美国人，妈妈是中国人，从小生活在中国，文静可爱，梦想多多。

目　录

目　录

休整了一段时间之后，路易斯大叔又带领多多和米娜踏上新的旅程。这次他们要去哪里，又将有哪些妙趣横生的经历呢？让我们跟随他们一起出发吧。

与以往不同，这次路易斯大叔首先带着多多来到了米娜的祖

国——中国，两个人受到了米娜及其家人的热情款待。

"路易斯大叔，我们这次是不是要在中国旅行呀？"多多好奇地询问。

"哈哈，太好了！中国有很多好玩的地方，我可以为你们作向导！"一旁的米娜兴奋极了。

"呵呵，我们的目的地可不是中国，但却和中国有着紧密的联系哦。"路易斯大叔又卖起了关子。

第二天的清晨，三人便坐上了飞机，多多和米娜都很纳闷：不知道这次要去哪里。空中的气流渐渐平稳，飞机轻松地在云层间穿梭，多多和米娜正专心地比较着云朵的形状，路易斯大叔却提醒他们目的地就要到了。

"孩子们，我们刚刚离开中国，下面便是我们的目的地啦，你们知道是哪里吗？"路易斯大叔微

笑着看着孩子们。

多多迷惑地摇了摇头，米娜则皱着眉头思索着。

"是不是…老挝呢？我听妈妈说过，老挝就在中国的南面，是我们唇齿相依的邻居。"米娜满怀期待地望着路易斯大叔。

"哈哈，米娜真棒，下面便是老挝了，就是我们此行的目的地！"路易斯大叔赞赏地说道。

"老挝是一个内陆国家，北面是中国，南面是柬埔寨，另外还和缅甸、越南、泰国等国家接壤，与这些邻国在经济、文化等方面关系紧密。马来西亚、印度尼西亚、泰国、新加坡、菲律宾五国在1967年发起成立了东南亚国家联盟，旨在追求平等合作，在技术、教育以及

贸易等方面保持密切的联系，共同商讨解决问题的方式和方法。老挝也在1997年成为东南亚国家联盟成员国之一。你们再仔细看一下老挝的地形，80%的面积为山地和高原，上面绿树密布，这是老挝独特的地理特征。"知识渊博的路易斯大叔为孩子们介绍道。

　　两个孩子忙兴奋地俯视飞机的下方，远远望下去，整个大地起伏连绵，郁郁葱葱的一片，零零散散的民居镶嵌其中，别有一番情趣。在绿树密布的土地上，一条宽宽的河道格外引人注意，像是一条长长的白色丝带。

"路易斯大叔，这条宽宽的大河看起来真漂亮呀！"多多望着"白色丝带"，情不自禁地说道。

　　"是呀，这条大河便是大名鼎鼎的湄公河，在中国境内称澜沧江，是重要的跨国水系。老挝的首都万象便依托湄公河发展起来，整个城市形状为新月形，宽阔的湄公河不仅是重要的河运通道，更是促进河岸农业繁荣的功臣，可见湄公河对老挝发展的重要性。湄公河还流经中国、缅甸、越南、泰国等多个国家，注入太平洋。"望着湄公河，路易斯大叔感叹道。

　　"湄公河一定很漂亮，我一定要走近她好好观赏观赏！"米娜听了路易斯大叔的介绍，早已迫不及待。

　　随着飞机的降落，路易斯大叔一行三人的老挝之行宣告正式开始，他们在老挝将经历怎样妙趣横生而又惊险刺激的故事呢？让我们拭目以待。

第1章

繁荣的檀木之城

　　"孩子们，我们旅行的第一站——万象到啦！"飞机刚刚着陆，路易斯大叔就宣布道。

　　"路易斯大叔，'万象'这个名字好奇怪呀，难道这里有很多大象吗？那我要好好看看。"米娜歪着脑袋疑惑地望着路易斯大叔。

　　"哈哈，'万象'的意思并不是很多大象，而是包罗万象的意思，就是包容宇宙中的一切事物。值得一提的是万象还有'檀木之城'之称，你们知道是为什么吗？这是由于古时候这里出产檀木，很多檀木制品在这里都可以买到。万象是一座历史非常悠久的城市，目

前是老挝的首都，是政治经济文化的中心呢！"路易斯大叔耐心地讲解道。

"檀木？我听妈妈说过这个名字！"米娜兴奋地回答。

"檀木是中国古代宫廷非常流行的木料，它不仅木质坚硬，而且散发出淡淡的幽香，深受人们的喜爱与追捧，因此非常名贵。檀木的种类主要有紫檀、黑檀、红檀等。我们在万象也许可以买到精美的檀木制品呢。"路易斯大叔正讲得津津有味，却发现多多没了踪影。

"米娜，看到多多了吗？"路易斯大叔忙询问米娜。

"我刚刚只想着漂亮的檀木手串，没注意多多。"米娜惭愧地解释道。

路易斯大叔忙带着米娜冲出机场大厅，原来多多觉得无聊，早就跑出机场大厅四处转悠去了，此时的多多正盯着街道旁的树木发呆呢。

"多多，原来你在这儿，在看什么呢？"米娜不解地看着多多。

"这里的树木好奇怪呀，米娜，你认识这些大树吗？"多多拍拍树干毛茸茸的大树，望着米娜。

"这个嘛…还是问问路易斯大叔吧，我也没有见过。"米娜微笑道。

"你们两个小猴子，跑得真快呀！"气喘吁吁的路易斯大叔终于追了过来，似乎看出了他们的疑惑，便说道，"这是热带常见的槟榔树，老挝属于热带季风气候，因为受热带、亚热带季风的影响，全年气温偏高，分为雨季和旱季，正好适宜这种树木的生长，所以这里就有很多槟榔树。借着这个机会你们可以好好观察一下，树上一串串鸡蛋大小的果实便是槟榔的果实，这种果实味苦，有药

用价值，主要有杀虫消肿作用。槟榔树在老挝周边，诸如印度、泰国、马来西亚等国家都有分布，所以它也成了亚热带、热带的代表植物。"

"原来这就是槟榔树呀，这些槟榔树又高大又挺拔，像一把把大雨伞。"米娜满怀敬意地拍着大树说道。

"哈哈，米娜，这里可不全是槟榔树，你看这棵大树虽然也有雨伞状的大叶子，但叶片下面藏着一个个圆乎乎的大果实，这些果实可比槟榔大多了。"路易斯大叔微笑道。

"我知道，这棵一定是椰子树，上面大大的果实一定是椰子，我喝过椰汁，好喝极了！"多多兴高采烈地说道。

"是的，这些树木有的是槟榔树，有的是椰子树，还有诸如龙眼、凤

尾之类的热带树木，万象独特的植被特点也是由气候决定的。"路易斯大叔讲解道。

看着街道上枝丫交叉错落的树木，真让人流连忘返。随后路易斯大叔三人前往热闹的市区。万象的街道虽然不是很宽阔，但来来往往的人群很热闹，在高高低低的树丛中有许多装修精致的店铺，没有很高的楼房，最高的不过四五层，典型的花园式城市，各种建筑混建在一起，体现老挝特有的淳朴自然的建筑风格。

"咦？这里怎么会有中文店名呀？"米娜不时看到中文标识的店铺，纳闷道。

“老挝使用的语言为老挝语，这里的中文店铺大多是当地华人经营的，很多华人很早便来到老挝，已经很好地融入到当地生活中。”路易斯告诉米娜。

沿着万象的街道前行，五花八门的商品应有尽有，看得米娜和多多目不暇接。米娜仍然没忘万象的特色——檀木，她满怀希望地寻找着檀木制品，但却一无所获。

“路易斯大叔，万象不是有很多檀木吗？为什么我没有看到呢？”米娜噘着嘴，有点失望地看着路易斯大叔。

“那是很久以前了，万象这个地方原来有很多珍贵的檀木，但经过战争的破坏，现在檀木的数量已经很少了，这座‘檀木之城’也有点名不副实了。”路易斯大叔语气略显沉重地说。

檀木

"快看，前面的店里有很多木制品，是不是檀木制品？"眼尖的多多叫嚷道。

果然，一排排店铺中有一家俨然写着"檀木"的字样，三个人兴高采烈地走了进去。店铺的橱窗里陈列着各种款式的檀木制品，米娜挑选了一款精致的檀木手串，高兴得合不拢嘴。

"这位小姑娘是中国人吧。"店主原来是多年前来到老挝的华侨，看到来自中国的米娜显得格外热情，最后热情好客的店主特意邀请米娜他们三人前往他家做客。路易斯大叔欣然接受邀请，顽皮的多多也惦记着要尝尝老挝的美食，就这样，三个人前往店主家中做客。

三个人接下来还将有怎样的奇遇呢？大家还是边走边看吧。

第2章

好客的老挝人

檀木店的店主居住在典型的老挝风格的民居里：大大的院子，栅栏式的围墙，房子是两层尖顶的红瓦房。外观古朴别致而且大方，彰显着浓郁的老挝民俗特色。老挝人热情好客，对待外来宾客礼仪周全。老挝人与客人见面，左右两手掌心向内合并，放在胸前施礼。看着店主的言行，感觉他俨然是一个老挝人，至少也算是半个老挝人啦。

店主带着他们三人参观了周围的地方，他们三人不时地被老挝民俗吸引，好客的老挝人见到三位客人，将双手合十，口里念念有词。店主为他们讲解道："老挝人合掌施礼叫施合十礼，表示对客人欢迎，嘴里说的'沙白迪'是你好的意思。"于是米娜和多多也像模像样地模仿老挝人的合十礼，表达对他们的感谢。

　　老挝的很多村落还保存着传统风格，采用的是木结构的设计，下面一层为支撑房屋的原木，上面则是吊脚楼，周围有荔枝树、槟榔树、香蕉树等树木环绕，让人感觉仿佛来到了一个美轮美奂的童话世界一般。来来往往的许多居民还穿着传统服饰，忙忙碌碌，组成了老挝村落祥和的景象。

　　"咦？你们快看，这里还有欧式风格的别墅，真是太奇怪了！"多多远远地看到熟悉的欧式别墅，惊诧不已。

　　"多多，这并不奇怪。老挝在1893年沦为法国的保护国，因此

无论是建筑风格还是饮食习惯，依然受到法国文化的影响。随着时代的发展，全木结构的老挝传统民居逐渐走向衰亡，很多村民也开始建造砖混结构的房子，盖建了欧式、法式的别墅，这也是文化交融的结果。"店主耐心地为多多讲解。

"他们的衣服看起来很眼熟呀，我好像在中国见过。"米娜歪着脑袋，努力回忆着。

"没错，在老挝，老龙族是人口最多的民族，而他们的传统服饰和中国傣族的服装是非常相似的：男的是对襟上衣，下装则是纱笼样式的裤子；女的则是斜襟上衣，再配以筒裙。中国的傣族目前大多分布在云南

的西双版纳，他们现在也保留着这一传统民族服饰。"经过店主的耐心讲解，米娜对老龙族有了一种亲切感。

"尊贵的客人们，午餐马上就好啦，今天我为你们准备的可是典型的老挝美食，一定要多吃点啊。"店主家已经为他们准备了丰盛的午餐，多多肚子早就咕咕叫了，心想老挝的美食一定非常好吃。

不一会儿，丰盛的老挝美食一盘盘地端了上来，除了烤鱼、烤鸡、鱼肉包等肉食外，各种凉拌生菜自然是不可少的，还有可口的酸辣汤。

"老挝的饭菜以酸、辣、生为主要特点，这些鱼也都是最近在河中捕捞的。老挝的河流很多，好吃的鱼也很多，做法多种多样。这扁鱼是烤制的，用清新的薄荷叶包裹着烤，不仅能增加鱼的鲜味，还能消除鱼肉的腥味。这是辅以凉米粉和调料制成的鱼肉包，味道更独特，你们可不要客气呀！"身为主人的店主热情地为大家介绍菜肴。

　　看着这些已经上齐的丰盛美食，多多早已等不及了，但却发现没有刀叉，一时犯了难。

　　"路易斯大叔，怎么没有刀叉呢？难道要我们用手抓吗？"多多小声地询问路易斯大叔。

"哈哈，这次你猜对了，老挝人习惯于用手抓饭，我们就入乡随俗吧。"路易斯大叔哈哈大笑起来，不客气地用手抓起了鱼肉包。

看着吃得津津有味的路易斯大叔，多多和米娜也开动了起来，虽然对酸辣的味道不是很习惯，但美味的鱼肉还是让他们食欲大振。就在他们狼吞虎咽的时候，店主端上了一坛酒，上面插满了吸管。

"尊敬的客人们，老挝人是非常好客的，这一坛子美酒便是欢迎贵客的团结酒，一定要好好品尝！"店主用其中一根竹管喝了一口酒，便递给了坐在一旁的路易斯大叔，路易斯大叔学着店主的样子喝了一大口，便又递给了多多，同时告诫多多喝一小口就可以啦。米娜更是抿了一小口，尽管这酒并没有想象中的那么辣。

就这样，依次喝完团结酒，餐宴的主食——香黏的糯米饭端了上来，焦黄的颜色、黏黏的口感是老挝糯米饭的传统特点。这样独特的糯米饭肯定不是高压锅或电饭煲煮出来的，它是用传统的竹笼蒸的，以确保原汁原味。多多、米娜学着路易斯大叔的样子，捏住又香又黏的糯米块，蘸着特制的调味料，裹上各种蔬菜，吃起来营养又味

道独特。路易斯大叔他们三人享受了原汁原味的老挝美食，撑得多多直打饱嗝，米娜看了乐得合不拢嘴。

吃过午餐，村落里响起了沸沸扬扬的叫喊声，大家都在猜测是不是发生了什么事。

"哈哈，来得早不如来得巧！村落里正在举行婚礼，你们要不要看看老挝传统的婚礼仪式呢？还有拴线仪式呢！"店主兴奋地告诉路易斯大叔一行三人，一旁的多多和米娜兴奋极了，一个劲儿地点头表示要参加。

婚礼的拴线仪式是怎样的？现在就跟随他们一起去看一下吧。

第3章

拴线仪式真热闹

结婚仪式即将开始，小小的村落洋溢着祥和和喜庆的气氛，穿着传统服饰的村民们聚集在新娘新郎的木制吊脚楼周围，等待着神圣的拴线仪式的开始。

因为是贵客，路易斯大叔他们三个人被请到吊脚楼上，可爱的米娜被邀请担当门前的"卜梢"，要换上老挝的传统服饰。穿上了斜襟上衣和筒裙的米娜漂亮极了。

"路易斯大叔，什么是'卜梢'，是不是婚礼中重要的角色呀？"兴奋的米娜一个劲儿地询问路易斯大叔，希望自己能够圆满地完成任务。

"哈哈，'卜梢'是指未婚可爱的小姑娘，任务便是在门口将清水泼在新人的脚上，以表达对他们的祝福，是传统老挝婚礼的组成部分。"路易斯大叔讲解道。

"啊！将清水泼在新人的脚上，这怎么会是祝福呢？"米娜第一次听说这种仪式，十分不解。

"将清水泼在新人的脚上寓意洗掉两个人婚前的情感牵挂，以求婚后彼此都能一心一意的结合。怎么样，是很重要的角色吧？"路易斯大叔微笑着说道。

"太好啦！不仅能看到漂亮的新娘，还能送上自己的祝福！"说着米娜便开始准备分配给自己的任务啦，一旁的多多却有点闷闷不乐。

"路易斯大叔，米娜都有重要的任务，需要我做什么吗？"多多期待地望着路易斯大叔。

"哈哈，多多，你有更重要的任务。"路易斯大叔给了多多两条洁白的棉线。

"我知道啦！拴线仪式是不是将棉线绑在新人的手腕上？"多多调皮地笑笑。

"没错，但不要着急哦，要先等年龄大的老者拴线之后你才能拴。快看，新人们来啦，仪式快开始啦！"路易斯大叔提醒道。

只见大家开始忙忙碌碌地准备所需要的道具，大大的圆桌上摆满了老挝的各种传统美食，竹编的饭盒里满是香黏的糯米饭，四周更是摆满了鸡肉和各种酒，圆桌的中间则是芭蕉叶做成的宝塔。一位德高望重的老者端坐在桌前，负责主持这对新人的婚礼仪式。

在沸沸扬扬的喧闹声中，村民们簇拥着两位新人来到了吊脚楼的门口，机灵的米娜端起一盆清水走了过来，洒在了两位新人的双脚上，婚礼的气氛瞬间热闹了起来。新人端坐在德高望重的长者面前，长者隆重地宣布拴线仪式开始，从香蕉叶宝塔上取下白色棉线，并亲手为两位新人拴上白色的棉线，象征两位新人永远不分开。

随后亲戚朋友纷纷将手中象征幸福的白色棉线绑在了新人手腕上，路易斯大叔指了指新人，顽皮的多多机灵地拿着棉线走了上去，虔诚地将白棉线栓了上去，两个新人双手合十，对多多表达了感谢和祝福。

"哈哈，真是太完美了！相信你们对参加过的老挝的拴线仪式会终生难忘的！"

路易斯大叔和两个孩子都兴奋极了。

吃过丰盛的婚礼晚宴，晚上意犹未尽的老挝村民们又要举行热闹的歌舞大会，打扮漂亮的少男少女们聚集在村落的空地上，载歌载舞地准备着择偶大会：只见年轻的男子用各种传统乐器卖力地演奏着情歌，以此吸引少女们的注意；女孩们则席地而坐，聆听着音乐声。

"路易斯大叔，他们在做什么？好热闹呀！"多多好奇地询问。米娜则聚精会神地观察着少男少女们的服饰，聆听着乐器悠扬悦耳的声音。

"一般老挝的青年男女年满十六周岁便可以自由恋爱了，热闹

的歌舞大会便是他们相识的最好机会。演奏乐器的男子会仔细端详席地而坐的女子们，在自己心仪的女子面前唱情歌。这时女子也会仔细端详男子的仪表，如果愿意接受男子的爱，便会迎合男子一起唱情歌。"路易斯大叔耐心地向米娜和多多讲解道。

"这种择偶方式真有趣！老挝的风俗活动真丰富呀！"多多不禁感慨道。

"是的，老挝人非常重视婚姻，年轻人的婚姻一般分为恋爱、订婚、结婚三个步骤，首先男方和女方通过歌舞大会相互产生爱慕，接着需要媒人和女方父母谈妥结婚的日期和相关彩礼，最后便是老挝人最看重的婚礼仪式，也就是我们参加过的拴线仪式了。"路易斯大叔讲解道。

"看来老挝人对婚礼仪式真是非常的重视！"米娜和多多异口同声地说道。今天的婚礼仪式真是让两个孩子大开眼界呀。

　　了解了老挝的婚礼仪式，路易斯大叔一行三人对这片神奇的土地更是充满了无尽的期待，接下来他们会经历怎样的神秘旅途呢？

第4章

巧遇老挝泼水节

　　体验过老挝传统的拴线仪式，路易斯大叔告诉米娜和多多还有更好玩的仪式，这也让两个孩子充满期待。

　　原来此时是五月，恰逢老挝最隆重的节日——五月节——在这正值雨季来临的时候，整个老挝都在庆贺即将到来的农忙时节，以祈求风调雨顺、五谷丰登。路易斯大叔带着孩子们走上老挝的街道，亲身体验这一盛大的节日。

　　"路易斯大叔，为什么街道上的人都向自己的房子泼水？难道房子也过泼水节吗？"看着成群结队的居民们把水泼在房子上，米娜和

多多很是诧异。

　　"哈哈，这是他们在清洗自己的房子，老挝人在泼水节时要将房子和家具清洗得一尘不染，寓意辞旧迎新。"路易斯大叔微笑着解释道。

　　清理好街道和房屋，成群的老挝人便拿出准备好的泼水用具，年轻力壮的小伙子们搬出成缸成缸的清水，衣着华丽的女孩子们端出造型华美的瓷盆，年迈的长者和嬉闹的儿童也纷纷走上街道，泼水节的盛宴即将拉开。

　　"我在中国也参加过泼水节，是不是和这里的泼水节一样呢？"米娜兴奋地询问路易斯大叔。

"中国的少数民族傣族也过泼水节，泰国、老挝等国家的泼水节也是很有特色的：在泰国，晚辈需要先将水倒在长辈的手心里，长辈将水摸在自己的头发上，然后将水泼在晚辈的头上；在老挝，长辈和晚辈之间则可以相互泼水，以表达相互之间的祝福。"路易斯大叔讲解道。

　　"真是太有趣了，我们也开始准备吧。"顽皮的多多早就等不及了，拿起已经准备好了的水枪，跑到水缸旁边装水，米娜也找来一个图案精美的瓷盆。不一会儿，热闹的泼水节便开始了，居民们带着不同造型、不同图案的瓷盆相互泼洒着清水，寓意洗去过去的灰尘与污渍，希

望自己以清洁之身迎接新年的到来。米娜和多多玩得不亦乐乎，全身都淋湿了还在互相泼着水。

"米娜、多多，玩累了吧，前面还有神秘的'结魂'仪式，我们一起去看看吧。"听了路易斯大叔的介绍，米娜和多多瞬间有了精神。

只见居民在地上铺上了席子，上面摆满了五颜六色的花环和形态各异的浮雕，这是仪式的重要部分。'结魂'仪式由德高望重的长者主持，虔诚的居民们将白色棉线绑在长者的手腕上，另一头则绑在自己的手腕上，居民和长者就这样以线相连，象征将长者的福气传递给每个人。居民往往会将这根拴在手腕上的白线保留三天，以祈求自己以后一帆风顺。

"真是奇怪，泼水节也要进行拴线仪式吗？"米娜想起婚礼仪式上的情景，好奇地望着路易斯大叔。

"没错，捆绑洁白的棉线是老挝人表达祝福的重要仪式，迎接贵宾时往往也会举行捆线仪式，表达对来宾最虔诚的祝福。"拥挤的人群在街道上缓缓移动，向沿途的居民们泼水表示祝福，路易斯大叔一行三人紧紧地跟在队伍后面。

三人随着泼水的队伍来到了海边，沙滩上满是载歌载舞的人群，他们用双手堆起一个一个高高的沙塔，人们围坐在沙塔周围，祈求当年风调雨顺，希望丰收的谷物和沙塔一样堆积成山。

　　"真是太有意思了，我也要祈求风调雨顺！"多多说着便像模像样地堆起沙塔，米娜也兴奋地跑过去帮忙，路易斯大叔三人围着沙塔跳起了欢快的舞蹈。

　　泼水队伍的最后一站便是湄公河了，米娜和多多虽然已经玩得筋疲力尽，但听说湄公河还有场面宏大的放生活动后还是兴奋异常，迫不及待地拉着路易斯大叔前往湄公河。

　　果不其然，在这个重要的节日里，成群结队的人们聚集在湄公河的周围，不同种类的鸟、鱼、龟等动物被放生，米娜买了几条漂亮的鲤鱼，多多买来几只小乌龟，两人将它们一同放生在宽阔的湄公河

里。

　　"大叔，放生真的很有意思呀！人们为什么要这么做呢？"米娜不解地询问路易斯大叔。

　　"每当遇到重大的节日，老挝人便会前往湄公河进行放生仪式，用来表达他们的善念，同时祈求他们过去的罪孽能够得到赦免。因此人们要多做善事，这样以后便会一帆风顺。"听了路易斯大叔半开玩笑半严肃的说法，米娜和多多用力地点着头。

　　湄公河作为老挝最著名的河流，纯自然的美景让路易斯大叔三人大饱眼福，接下来的湄公河之旅更加地让人期待。

第5章

湄公河之旅

清晨，和煦的阳光为宁静的老挝村落带来祥和，阳光透过浓密的椰树，照射在路易斯大叔他们居住的吊脚楼里，米娜和多多对湄公河之旅早已迫不及待，简单的洗漱后便聚集在了路易斯大叔的房间里。

"路易斯大叔，起床啦！起床啦！我们今天可是要去湄公河游玩的呀！"路易斯大叔还是一副睡眼惺忪的样子，两个孩子却在一旁叫个不停。

"好啦，好啦，你们等我一会儿。"说着路易斯大叔开始穿衣服，三个人享用过传统的老挝早餐后便开始了湄公河之旅。

沐浴着晨光的湄公河格外地吸引人，在清新的空气里，宽阔的湄公河道两旁满是忙忙碌碌的老挝人。由于河流中鱼类资源丰富，很多

老挝人以打渔为生，来来往往的渔船络绎不绝。这里水网密集，土地肥沃，勤劳的农民们用双手在这个富饶的地方辛勤劳作，栽种水稻，这里是东南亚稻米产区之一。

望着湄公河上来来往往的渔船，米娜和多多被这片繁荣的景象深深震撼了，路易斯大叔也略有感慨地说道："湄公河是东南亚最重要的跨国水系，流经中国、泰国、老挝、缅甸等多个国家，有着各种丰富的水生生物资源，也是老挝人世代捕鱼的传统渔场。随着人们对湄公河的认识不断深入，大量的水生新物种不断地被动物学家们发现，这种发现至今仍在继续，所以这片水域很有科考价值。"路易斯大叔耐心地讲解道。

"新物种？什么新物种呢？"好奇的多多追问道。

　　"自2011年起，科学家们在湄公河这片广阔的流域发现了盲鱼、无牙蛇、双足蜥蜴、侏儒蟒等126种新生生物，湄公河因此成为了世界闻名的巨大珍稀生物宝库。其中最为著名的要数老挝的地下盲鱼了，这种鱼是一种非常漂亮的观赏鱼类，它们的祖先生活在没有光线的地下岩洞，根据用进废退的原理，这种鱼的眼睛由于长期不使用，便逐渐退化，因此成为了没有眼睛的盲鱼。"路易斯大叔讲解道。

　　"啊，没有眼睛，那他们怎么生活呢？会不会迷路呢？"米娜听说还有这种鱼类，瞬间好奇了起来。

"米娜，你不用担心它们。虽然没有眼睛，但盲鱼在水中不仅不会碰到水中的岩石，还能游刃有余地捕捉食物呢！"

　　"真是太神奇了！有机会我一定捉一条盲鱼带回家，让我的朋友看一看。"多多兴奋地计划着。

　　"这可不行，虽然目前老挝有着丰富的水生生物资源，但随着科考的不断发展和人类的介入，这些珍贵的生物资源还是受到了一定程度的破坏，当地政府要加大保护力度，我们更要认识到保护它们的重要性，不能随意捕捉。多多，明白了吧？"听了路易斯大叔的告诫，

多多羞愧地点了点头。

　　三个人沿着湄公河河道前行，很快便听到前方传来轰隆隆的声音，越向前行响声越大，难道是发生地震了？米娜害怕得躲在了路易斯大叔的背后，多多也诧异得不知所措。

　　"路易斯大叔，前面是不是在打仗？怎么会有轰隆隆的炮声？"米娜和多多异口同声地问道。

　　"哈哈，孩子们，这可不是什么炮声，我们已经到达著名的孔瀑布了，我们快去看看吧。"在路易斯大叔的带领下，两个孩子满怀期待地继续前行。

　　不一会儿，气势磅礴的瀑布便映入三人眼帘：在漫天的水雾中，源源不绝的河水万马奔腾似的一泻而下，仿佛大地即将被汹涌

的水流洞穿。巨大的礁石将瀑布分割，形成了两条彼此相依的瀑布，在周围茂盛的原始森林的衬托下，俨然一幅色彩鲜艳的山水画。

"你们看，东边的瀑布名为帕彭，西边名为松帕尼，它们的水流量也是全世界最大的。除此之外，湄公河上还有很多条瀑布，它们共同组成了湄公河鬼斧神工的美景。你们看孔瀑布被玄武岩阻隔成两半，玄武岩也被河水分割成数量众多的岛屿，因为有了这些岛屿，物资运输也拥有了小港埠，在湄公河上起到了重要的交通枢纽作用，同时也成为中外游客争相游览的景点。"路易斯大叔耐心地讲解道。

在这些岛屿的小港埠上，来来往往的货船忙忙碌碌地运送着货物，一派繁荣的景象。路易斯大叔决定带着孩子们登上这些岛屿，亲身体验神秘小岛上的原生态生活。

盲鱼

　　盲鱼又名无眼鱼，是一种很美丽的观赏鱼类。它体长8厘米左右，身体上覆盖着银色的鳞片，鱼鳍是乳白色。由于几万年前盲鱼的祖先被水冲进几乎没有光线的地下，眼睛长时间无法得到利用便逐渐退化，就变成了盲鱼。但同时，这也锻炼了盲鱼其他器官的敏锐性，所以它靠其他的感官来生存。刚生出来的小盲鱼是有眼睛的，两个月后眼睛就逐渐退化。盲鱼很贪吃，喜欢吃肉食。大自然就是这么奇特，不同的环境造就出不同的物种。

第6章

四千美岛与太阳花

　　坐着老挝当地人撑的游览船，路易斯大叔带着米娜、多多前往湄公河宽阔的水域，在枯水季节里，湄公河里会冒出成百上千个小岛，仿佛从水中伸出的石头脑袋，可爱极了。

　　"路易斯大叔，快看，快看，好多小岛呀！"米娜望着湄公河里数量众多的小岛，不禁感慨道。顽皮的多多更是一本正经地数起了小岛的数量。

"你们知道吗？这些美丽的小岛被称为'四千美岛'，是闻名世界的老挝旅游景点。在老挝的雨季，这些小岛掩藏在水中，湄公河平静得仿佛一面镜子；但在老挝的旱季，随着降雨量的大量减少，湄公河的水平面也不断下降，小岛们也纷纷露出水面，成为一道道亮丽的风景。米娜、多多，是不是很神奇呀？"路易斯大叔兴奋地说道。

"'四千美岛'？真好听，是不是真的有4000个小岛呢？多多，你数清楚没有？"米娜望着一旁正在数小岛的多多问，多多则无奈地摇摇头，看来要数清楚岛的数量还真是不容易。

"'四千'只是老挝人夸张的说法，像中国的千岛湖一样，并不是具体的岛屿数量。"路易斯大叔微笑地解释。

"咦？路易斯大叔，这些小岛都这么小，我们怎么上去玩呢？"多多望着面积狭小的小岛们，满是疑惑。

"呵呵，并不是所有的岛都很狭小，有的岛屿还住着人呢，比如东阔岛、东孔岛和东德岛。这次我们首先要去的便是东孔岛，那里风景优美而且民风淳朴，满是田园风光，可以说是一片人人向往的净土呢。"路易斯大叔兴奋地说道。

小小的客船停靠在东孔岛岸边，米娜、多多迫不及待地跳下船去，此时太阳刚刚升起，仿佛一枚圆乎乎的鸡蛋黄。东孔岛上勤劳的农夫们已经开始在田野里忙碌起来，成块成块的农田整齐排列，绿色的秧苗在阳光下生机勃勃；老挝渔民娴熟地撑着渔船，活蹦乱跳的鱼堆满了整个船舱，这里的居民依旧过着原生态的生活。

"真是太神奇了！没想到小小的岛屿既有成片的农田，还有茂盛的森林！"望着生意盎然的小岛，米娜和多多兴奋极了。

　　为了更加亲近小岛，路易斯大叔带着孩子们骑上租来的自行车，绕着小岛慢慢骑行。不一会儿，米娜便累得骑不动啦。

　　"路易斯大叔，这里的森林真茂盛呀！我们在这里休息一下吧。"米娜撒起娇来。

　　就这样，路易斯大叔带着两个孩子进入到郁郁葱葱的森林里，羽毛鲜亮的鸟儿在枝头叽叽喳喳，生长了百年的大树更是枝繁叶茂，种类繁多的奇花异草色彩鲜艳，森林里生活着种类繁多的可爱动物。

　　"你们快来看，这是什么花呀，像是一片片蛋黄色的薯片，闻起来好香呀！"米娜聚精会神地望着一棵植物上淡黄色的花束。在茂盛的灌木丛中，这株奇怪的植物的枝干足足有5米高，一簇黄澄澄的花艳丽地开着。一旁的多多和路易斯大叔走了过去，远远便闻到异常的

芬芳。

　　"这是闻名世界的鸡蛋花，是老挝的国花哟。鸡蛋花喜欢阳光充足的环境，不仅能够抗干旱，还能够适应非常寒冷的环境。鸡蛋花的植株都在5米以上，有着粗粗的树干，椭圆形的叶片呈深绿色，枝干的顶部便是成簇的花朵。花朵有着筒状的花冠，外层是白色的，中心则是淡淡的黄色，这种花朵是有名的观赏花，闻起来异常芬芳。除此之外，鸡蛋花还是重要的中药材料，喝起来有淡淡的苦味，能够起到清热祛暑的作用。"路易斯大叔耐心地介绍道。

"这么可爱的花，我好想摘几朵带回去！路易斯大叔，你帮我摘几朵吧。"米娜望着高高的鸡蛋花，撒起娇来。

"现在知道鸡蛋花的人日益增多，这种花的数量不断地减少，目前是老挝非常珍贵的花种，老挝政府也不断地加强对这种鸡蛋花的保护。但保护鸡蛋花还需要我们共同的努力，因此要让鸡蛋花自由地生长，让老挝成为鸡蛋花最熟悉最温馨的家。"听了路易斯大叔的话，米娜对鸡蛋花有了更深刻的了解。

游览了四千美岛的自然田园风光，路易斯大叔和两个孩子还是意犹未尽，计划明天继续乘坐当地人的游船，寻找传说中的湄公河河豚。

第7章

快看，银灰色的精灵

　　老挝人驾驶着游船载着路易斯大叔一行三人，沿着宽阔的湄公河河道前行，米娜和多多望着河岸两旁如画的风景，感觉十分惬意。

　　随着游船在湄公河缓缓地前行，很快就到达了一个名为"桔井"的港湾，由于独特的地理环境，这里更加适合豚类生存。

　　"孩子们，你们看这个港湾水域辽阔、深不见底，这里生存着十分珍贵的豚类。随着淡水豚栖息地的日益减少，淡水豚数量也呈逐年

下降的趋势，你们看湄公河流域有这么多渔船，很多豚类都因为撞上渔船的渔网而毙命，其中最为珍贵的白鳍豚也功能性灭绝了。"路易斯大叔望着旷阔的水面，惋惜地说道。

听说这里有非常珍贵的淡水豚，米娜和多多瞬间打起了精神，目不转睛地盯着犹如明镜一般的水面，水域内还有很多其他游客的小艇，湄公河的淡水豚可谓大名鼎鼎。

"快看，快看！那是什么？"路易斯大叔指着前面的水域，兴奋地说道。只见前方有几个三角形的鱼鳍在河流里快速地移动，还能听到"哧哧"的响声，这些奇怪的鱼类是什么鱼呢？

"看起来很像鲨鱼呀！我在大海里见到过，难道是你说的河豚？"多多望着水中快速移动的三角背鳍，兴高采烈地说道。

"是的！我们真是太幸运了，这些银灰色的精灵便是湄公河流域有名的伊洛瓦底河豚，现在地球上这种淡水豚的数量不足150头，这里的居民往往好几年都看不到这种淡水豚，真是来得早不如来得巧

呀！"路易斯大叔兴奋地告诉孩子们。

"可惜只能看到三角背鳍，要是能看清楚一点就好了！"米娜不无遗憾地说道。

"没关系，每隔一段时间伊洛瓦底河豚都会跃出水面来换气，这样我们就能看到它们的全貌了。"说着路易斯大叔指挥游船继续跟随伊洛瓦底河豚，选择了一个最佳的观赏位置，船主关闭了马达，三个人屏气凝神地守着河豚群。

只见旷阔的河面上，银灰色的精灵不时跳出水面，"嘭嘭"作响的水花此起彼伏，米娜赶紧从背包里拿出相机，想要记录下这群神奇的精灵。

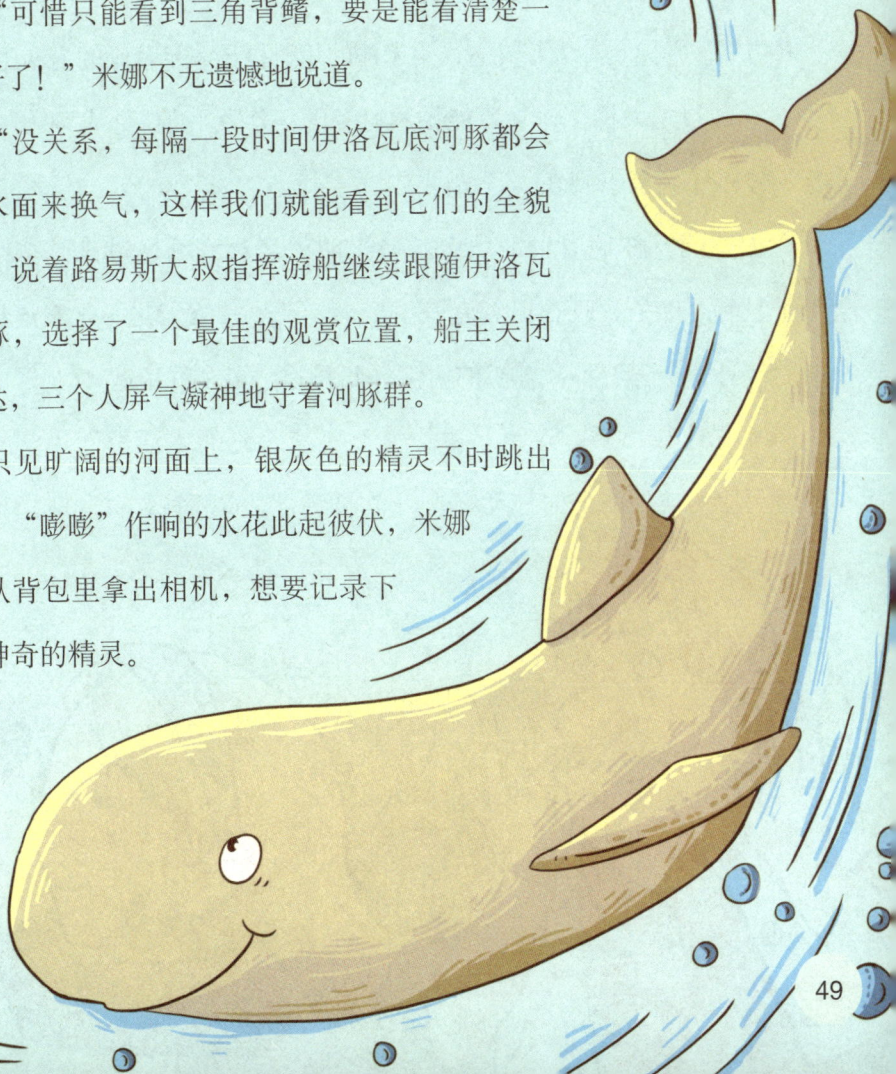

“路易斯大叔，我总是照不到它们，它们的速度真是太快了！”米娜生气地噘起嘴巴。

“哈哈，米娜，伊洛瓦底河豚每次换气的间隔相同，只要用镜头锁定住伊洛瓦底河豚消失的地方，耐心地等待，当伊洛瓦底河豚再次跃起的时候便可以按下快门了，以此捕捉伊洛瓦底河豚运动的轨迹，其实拍摄其他运动中的动物都可以采用这种拍摄方式。”路易斯大叔说着，用米娜的相机拍摄下了清晰的河豚影像。

“真是太棒了，果真能拍到可爱的伊洛瓦底河豚！”米娜兴奋地不停拍照，多多则在一旁纳闷。

“咦？你们看，为什么水域里的伊洛瓦底河豚越来越多呢？原来只有三四条，现在已经有差不多十多条了，它们是不是来这里‘开会’呀？”望着不断前来的伊洛瓦底河豚，多多好奇起来。

“这很正常，这也是由伊洛瓦底淡水豚的生活习性决定的，这种河豚是典型的群居性动物，一个群落的淡水豚往往会同时出现，随

着很多淡水豚家族成员的陆续到来，我们便有机会看到神奇的'水上芭蕾'了。"

数量众多的淡水豚不断地聚集在游船周围，此起彼伏地跃出水面，又节奏整齐地跳入水中，仿佛训练有素的一群芭蕾舞演员。路易斯大叔他们三人被美轮美奂的"水上芭蕾舞表演"深深吸引住了。

"其实淡水豚不断消失还有个重要的原因：因为淡水豚的肉质非常鲜美，所以成为了广受追捧的美味佳肴。每年被食用的淡水豚还是有增无减。"路易

斯大叔为孩子们讲解道。

"啊，还有人吃这么可爱的淡水豚呀！那岂不是越吃越少吗？"米娜十分担心地说道。

"随着人们环保意识的提高，越来越多的人开始加入到保护淡水豚的行列，老挝已经开始明令禁止对湄公河淡水豚的各种捕杀行为，已经有了一定的初步效果。根据最新的消息，随着人工养殖淡水豚的推广，越来越多的野生淡水豚将受到保护，目前人工养殖淡水豚的技术已经普及开来，成为保护淡水豚的重要技术。"路易斯大叔安慰着米娜。

"我还是希望人们不要再吃这么可爱的淡水豚了！"望着河水里此起彼伏的淡水豚圆脑袋，米娜伤感地说道。

　　看完活泼可爱的淡水豚，湄公河的旅程也接近尾声，路易斯大叔他们三人还会经历怎样的神奇历险呢？

第8章

王宫博物馆的解说

"路易斯大叔，今天我们要去哪里游玩呢？"经过一晚上的休整，米娜和多多两个小家伙又变得精力充沛了，一大早便缠着路易斯大叔。

"我们今天还是去湄公河畔，相信你们会喜欢那里的。"睡眼惺忪的路易斯大叔喃喃地说道。

"啊？我们昨天不是刚在湄公河上看淡水豚跳舞吗？今天还要去吗？"米娜显然是想去别的地方看看了。

"当然不是啦，今天我要带你们去参观湄公河畔大名鼎鼎的王宫博物馆，它可是琅勃拉邦非常重要的旅游景点哦。"洗漱完毕的路易斯大叔兴奋地说道。

　　"金碧辉煌的王宫吗？是不是住着尊贵的国王呢？"多多听到"王宫"马上想到金碧辉煌的宫殿，尊贵的国王一定坐在高高的宝座上。

　　"确实是金碧辉煌的宫殿，但里面现在没有国王。在1904年，这座王宫确实住着当时的国王和他的家人，直到1975年，王宫因为一场革命变成了博物馆，从此成为了世界闻名的旅游景点。"

　　不一会儿，路易斯大叔和孩子们乘坐的旅游巴士便到达了传说中的王宫。

　　"快看，那个大大的金黄色的屋顶是不是就是王宫呢？"多多远远地望到王宫金黄色的屋顶，兴奋地叫喊起来。

"是的，王宫的建筑主要以金色为主，建筑风格天马行空，让游客们仿佛置身神奇的仙境，这也是老挝王宫的主要建筑风格，同时备受各地游客的喜爱。"路易斯大叔讲解道。

　　果然，成群结队来自世界各地的游客们在解说员的带领下，纷纷聚集到巨大的王宫前合影留念，层层金黄色的屋瓦奢华异常，远远望过去，金黄的宫殿发出夺目的光芒，让米娜和多多大开眼界。

"孩子们，今天我就是你们游览王宫博物馆的讲解员——路易斯，我会为你们解答各种问题。"路易斯大叔模仿解说员，一本正经地说道，"时至今日，王宫博物馆已经有百年的历史，因此积累了大量澜沧王国的遗迹与文物，由于原来是国王的行宫，所以我们还能有幸看到昔日的大殿、议事厅等建筑设计，现在让我们近距离地感受老挝的王宫文化吧！"

　　"路易斯大叔，不不，是路易斯讲解员，请问澜沧王国是个什么国家呢？"顽皮的多多嘻嘻地笑着，望着路易斯大叔。

"哈哈，澜沧王国建立于公元1353年，又叫作南掌王国，这个古老的老挝王国还曾是清朝的藩属国。后来，由于种种变故，澜沧王国逐渐分裂为琅勃拉邦、占巴塞、万象以及川圹。"路易斯大叔耐心地为孩子们讲解道，真是个称职的讲解员。

跟着路易斯大叔，两个孩子小心翼翼地迈入每一间房间仔细参观，王宫博物馆不仅仅外部金碧辉煌，内部的装修更是煞费苦心，非常精致，随处悬挂着各种题材的画像，惟妙惟肖的画像着实让孩子们大吃一惊。

"路易斯大叔，这幅画像里的人好像真的，一直盯着我，看起来真让人害怕！"胆小的米娜望着房间里的巨幅国王画像，怯怯地拉着一旁的多多。

"米娜，不要害怕，这些画像采用高超的技法：首先用白色水粉勾画，画出人物的大体轮廓；而后采用厚厚的颜料小心涂抹，让画面色彩分明，栩栩如生。正是这种巧妙的技法，让观看者无论从哪个角度欣赏画作都会觉得十分逼真。"听了路易斯大叔的讲解，

米娜和多多倍感惊奇，忍不住再次端详起巨幅的国王画像。

　　昔日的奢华王宫如今成为了博物馆，如同一个白发苍苍的老者，见证了古代封建制的老挝一步步成长为老挝人民民主共和国，这经历了怎么样的沧桑岁月呢？为了让米娜和多多对老挝有更深入地了解，路易斯大叔滔滔不绝地讲述了老挝人民顽强抗击侵略的历史：

"早在1893年，老挝便沦为法国的殖民地，同时也开启了老挝人民对抗外来侵略的序幕。其后老挝爆发了多场轰轰烈烈的武装起义，这也是老挝人抵抗外来侵略的历史见证，老挝人民齐心协力，发动了多次武装起义。1940年日本侵略者把魔爪伸到了老挝，随后美国也将老挝改造成其重要的军事基地。因此在历史上老挝是个多灾多难的国度，直到1975年，老挝人民革命党成立了老挝人民民主共和国，才结束了灾难。万象也成为了老挝的首都，成了老挝政治、经济、文化的中心城市。"听了路易斯大叔对老挝历史的讲解，米娜和多多被老挝人民的爱国精神深深打动了。

金碧辉煌的王宫、精雕细琢的油画都让路易斯大叔一行三人流连忘返，整个大皇宫的景区更是让人过目难忘，接下来他们还会有着怎样的经历呢？大家拭目以待吧。

第9章

造型奇异的棕榈树

王宫博物馆景区不仅有装修奢华的宫廷布局，更有风景秀美的花园景区。来来往往的僧侣游客在这里穿行，顽皮的孩童在草地上尽情嬉闹，公园的一切都沉浸在祥和的阳光里。

在偌大的王宫花园里，最引人注意的还是茂盛的棕榈树，微风吹拂下，道路两旁的棕榈树垂着长长的枯叶四处飞舞，成为整个王宫景区不可缺少的特色风景。

"路易斯大叔，快看这些奇怪的棕榈树，像是一个个穿着裙子的漂亮姑娘。"米娜吃惊地望着这些造型奇特的棕榈树，被深深吸引住了。

"果然像穿着漂亮的裙子，真是太奇怪了！"多多也非常诧异。

　　"这种棕榈树又叫作'老人葵'，由于下垂的叶片中有很多白白的纤维丝条，随风飘扬好似老人的头发，因此有了这个名字；"穿裙子树"也是这种棕榈树的别名，就像米娜所说，这种树的茎干仿佛穿着长长的裙子，因此老挝人经常用这种树作为观赏植被。这种树木不仅有纷飞的纤维丝，而且树干挺拔，最为神奇的是它呈现罕见的红褐色，着实引人注意。"望着棵棵挺拔妖娆的棕榈树，三个人享受着独特的老挝风情。

　　除了穿着纷飞叶裙的棕榈树，树林旁大大的池塘里满是来往穿梭的各种观赏鱼，鱼塘周围宽阔的草地成为孩子们嬉笑打闹的最佳场

所，欢声笑语不绝于耳。枝繁叶茂的古树也备受游客们的青睐，粗壮的古树上爬满翠绿色的藤条，不仅茎条又粗又长，宽宽的叶片更是呈可爱的心形，有的长成宽宽的卵形，和茂盛的古树一起生长着，相映成趣，游客们纷纷与之合影留念。

"这种长长的藤条我在中国见过，没想到老挝也有这种植物！"可爱的米娜兴高采烈地说道，想起了自己的家乡中国。

"这种植物叫作龟背竹，是龟背竹属，广泛种植于日本、欧美等地区，是常见的观赏植物，主要用于装饰房子，做生活的点缀。在20世纪80年代，中国开始从这些国家进口龟背竹，龟背竹逐渐成了中国百姓非常喜爱的观赏植物，特别是成为中国广东地区主要的观赏花品种之一。"路易斯大叔望着米娜，耐心地解释着。

路易斯大叔一行人看着郁郁葱葱的棕榈树继续前行，远远望去，山顶上的普西寺金碧辉煌，

在那里可以俯瞰整个琅勃拉邦市的全貌，上上下下的游客络绎不绝。米娜和多多在路易斯大叔的带领下，缓缓地向山顶的普西寺前行。

"路易斯大叔，山顶上闪闪发光的大房子是什么呀？好漂亮呀！"米娜望着山顶上亮闪闪的房子，不禁充满了好奇。

"那就是世界闻名的旅游景点——普西寺了，普西寺是老挝大名鼎鼎的寺庙，金灿灿的寺顶仿佛一顶尖尖的大帽子，寺庙坐落在高高的山顶上，更显得神圣无比，仿佛守护着整个琅勃拉邦市。虽然这些寺庙大多历史悠久，但依旧有着明显的后现代风格，浓重的雕塑感、流畅的线条都让众多游客流连忘返。"路易斯大叔望着这些历经沧桑的寺庙，缓缓道来。

站在高高的山顶上，琅勃拉邦市的全貌映入眼帘，不同建筑风格的房屋鳞次栉比，金碧辉煌的寺庙随处可见，整个市区洋溢着浓郁而独特的老挝风情。蒙蒙的雾气里，一条小河缓缓地流淌着，仿佛摇头摆尾的白龙，随着微风缓缓游来，这让路易斯大叔一行三个人更觉得惬意非常。

"你们看，那里便是老挝知名的南宋河，在河的两岸，宁静的田园、悠闲的人群，都是老挝人典型的生活。远离了城市喧嚣的南宋河仿佛一个世外桃源，这里的山山水水和中国桂林十分相似，因此得名'老挝小桂林'。"听了路易斯大叔的讲解，米娜和多多早已迫不及待，游览完山顶的普西寺便跟随路易斯大叔下山，前往横穿琅勃拉邦市的南宋河流域，期待着有更多神奇而惊喜的经历。

山下的琅勃拉邦市一派祥和安定的景象，老挝人悠闲的生活情调表露无遗，宁静清爽的小镇不仅有热闹非凡的酒吧，也有清新淡雅的

寺庙，街边的老挝小吃更是花样繁多，很快便吸引了贪吃的多多。

在热闹的小吃摊，三个人品尝了老挝正宗的米干，涂抹上胡椒、辣酱等佐料，再夹上品种多样的新鲜蔬菜，吃起来更是满口溢香，不一会儿工夫，多多便吃得肚皮鼓鼓的，还一个劲地嚷着"好吃"。

吃过了老挝特色美食，夜幕也不知不觉降临了，一身疲惫的路易斯大叔他们三人前往南宋河流域的吊脚楼旅馆住宿，顺便观赏夜幕下的琅勃拉邦市。

第10章

宁静的琅勃拉邦市

夜幕的笼罩下，整个琅勃拉邦市一派繁华的景象，充满老挝风情的手工制品琳琅满目。路易斯大叔带着米娜和多多四处闲逛，老挝摊主们用简单的外语热情地招待四方的游客。

"这条红色披肩真是好漂亮呀，我很喜欢！"米娜拿起一条红色的披肩，喜欢得不得了。

"老挝的手工纺品那是闻名世界的，色彩斑斓、款式朴素的

老挝传统服饰也随处可见，备受少女们的喜爱。除此之外，款式多样、制作精细的老挝藤编、雕刻制品更是巧夺天工，制陶、丝绸工艺也广泛风行老挝国内，老挝更是木材、粮食、安息香等产品的集散地。"路易斯大叔一边介绍着，一边为米娜买下了这条漂亮的披肩，披上披肩的米娜漂亮极了，俨然一位老挝公主；顽皮的多多购买了一把木制的宝剑，拿起来便爱不释手，兴奋地舞动了起来；路易斯大叔为自己买了一支做工精细的木制烟斗，看上去朴素而淡雅。

"路易斯大叔，为什么老挝人喜欢把不同种类的木头雕刻成不同的东西呢？"多多望着分门别类的木制品，纳闷了起来。

"老挝人的生活方式较为淳朴，原生态的山山水水随处可见，老挝人的服饰大多采用手工缝制，会使用大自然的各种木料制作工艺品，因此他们的各种服饰和木制品远销国内外，这也是他

们原生态生活方式的体现。"路易斯大叔为两个孩子讲解道。

逛完繁闹的夜市，路易斯大叔他们三人前往南宋河流域的吊脚楼。皎洁的月光下，南宋河流水潺潺，显得格外静谧与神秘。游艇餐厅不时在河道间驶来驶去，为需要商品的游客们提供服务。河边的吊脚楼位置极佳，通过大大的百叶窗便能看到整个宽阔的南宋河流域，形形色色的游客在河边尽情喝酒唱歌，开开心心地融入到自然的怀抱里。

第二天清晨，路易斯大叔一行三人在河边清新的微风中醒来，感受到全身心的畅爽，早早便起床筹划起今天的旅程。

"路易斯大叔，我们今天玩什么呢？"米娜和多多早已满怀期待。

"作为以旅游闻名的城市，琅勃拉邦市到处都有专业的自行车租赁点，游客们可以租赁各种款式的自行车四处游览，我

们一会儿就去体验骑自行车游览的乐趣。"路易斯大叔说着便带领米娜和多多前往河边的自行车租赁商店。

"大叔，为什么要骑自行车呢？又累又不舒服！"米娜说着噘起了嘴巴，她想要坐舒服便捷的旅行大巴车。

"哈哈，米娜，随着老挝旅游业的发展，选择自行车出行成为越来越多现代人的选择，不仅能够享受骑行游览带来的乐趣，还能很好地保护环境、实现低碳出行，岂不是一举两得的好事吗？还有徒步游玩、游艇漂流等项目也成为老挝非常受欢迎的旅游项目，每天迎接大量的游客，我们更要体验一下啊。"路易斯大叔介绍道。

"游艇漂流，是不是很有意思呀？"顽皮的多多瞬间有了兴致。

"当然啦，老挝最有名的漂流就是万荣漂流，惊险又刺激。漂流的人群往往以家庭或者情侣为单位，穿着厚厚的黄色救生衣，手持椭圆形的船桨，顺着万荣缓缓的流水漂流而下，不同游船间还会进行非常激烈的竞赛呢。"看着路易斯大叔说得眉飞色舞，米娜和多多早已迫不及待了。

不一会儿工夫，路易斯带着两个孩子来到了自行车租赁商店，款式多样的自行车应有尽有，热情的店主详细地为三个人介绍各种自行车的性能、价格，路易斯和两个孩子都挑选到了自己心仪的自行车。

骑上自行车在城市中缓缓穿行，琅勃拉邦市秀美的小镇风光一览无余，忙碌的居民们过着宁静而安详的生活。这里不仅有充满异域风情的法式建筑，更有异常茂盛的亚热带植物作为装点。顽皮的孩子们

轮胎围成的迷宫中玩得不亦乐乎，穿着朴素的僧侣们在树荫下安静地休息，宁静的生活氛围沁人心脾。

不知不觉到了晌午，三人早已饥肠辘辘。他们将自行车停在市区，兴致勃勃地寻找合适的老挝餐馆。

"这家老挝餐馆一定味道正宗，我们就来这里吃饭吧。"路易斯大叔选了一家餐馆，带着孩子们走了进去。

走进餐馆，老挝风格的壁画令人赏心悦目，无论是装修还是用品都富有老挝特色，侍者们穿着华丽的服饰，笑盈盈地欢迎每一个来客。

路易斯大叔他们三人会在老挝餐馆享用什么美味呢？大家共同期待吧。

第11章

回味无穷的美食

　　热情的侍者为三位客人介绍了很多特色菜肴，有久负盛名的鱼茄子汤，还有鸡肉、鹿肉等肉食制成的各种沙拉，除此之外，美味醇香的炖品也是老挝餐馆的招牌菜。原来这里的菜肴都是正宗的老挝传统菜，特色菜不仅辣味十足而且香气扑鼻，餐馆里总是顾客盈门。

　　路易斯大叔一行三人分别点了几道特色菜肴，不一会儿，一道道的老挝特色菜便端了上来，有路易斯大叔喜欢的新鲜蔬菜，还有多多喜欢吃的各类肉食，米娜则喜欢喝又香又黏的美味炖品。

看着香味扑鼻的肉类，多多早已迫不及待地吃了起来，边吃边惊叹："你们快尝尝，真是太香了！这是用什么肉做的？"

"主要是牛肉和鹿肉，我们老挝菜在烹饪技法上和其他菜系没有明显不同，但制作的过程中只使用很少的油水和佐料，因此做出的肉食有着原生态的香味，这也是老挝肉类菜系的特别之处。另外，我们新鲜蔬菜的食用方法主要是蒸食和生吃两种，生吃方法是蔬菜直接辅以佐料食用，这种吃法格外的清新可口，也是我们的特色之一。"侍者彬彬有礼地介绍道。

大大的桌子上，摆着诸如生菜、豇豆等常见蔬菜，路易斯大叔按照侍者的介绍，将生菜蘸着酸酸辣辣的佐料吃，果然吃起来味道独特，感觉异常清新。三个人吃得不亦乐乎，虽然是第一次吃正宗的老挝

菜，但并没有丝毫的不习惯。

　　吃了醇香的肉食和新鲜的蔬菜，多多的肚皮早已撑得圆鼓鼓的了，米娜最喜欢的炖品也端了上来，精心熬制的炖品色泽温润，闻起来更是香气四溢，多多也忍不住盛了一碗。原来老挝菜系的炖品在制作过程中都会或多或少的添加树叶、树皮等特有的调味香料，因此喝起来别具风味，米娜也是一个劲地说"好喝"。

　　"孩子们，你们慢点儿吃，我们的主食还没端上来呢！"看着多多和米娜吃得狼吞虎咽，路易斯大叔微笑着提醒道。

　　"啊，路易斯大叔，我都吃撑了，还有什么主食呢？"多多好奇地望着路易斯。

　　"老挝餐馆的主食自然是家喻户晓的糯米饭了，当地人做糯米饭可是煞费苦心，制作工艺相当的繁琐，吃起来更是美味异常。"说话间，侍者端着筒装的糯米饭走过来，远远便闻到浓浓的米香。

　　"尊贵的客人，这是你们的主食糯米饭。它采用老挝的传统工艺制作，制作之前先将糯米浸泡，经过浸泡能够保证糯米饭非常黏稠，却不会糊成一团。然后还要放在专门的容器里进行蒸制，这样做出来的糯米饭米粒非常有弹性。另外我们老挝人还喜欢用手把糯米饭压成饼状，辅以各种新鲜蔬菜食用，这样味道更好。"侍者为客人们讲解着。

三人在前几天的老挝婚礼上已经品尝过糯米饭，因此手法娴熟地制作着糯米团，品尝后觉得果然和婚礼上的糯米饭一样可口。

"尊贵的客人，我是这家店的店长，邀请你们品尝品尝我们店里自酿的美酒。"一位身着老挝传统服饰的男子走了过来，端着一罐米酒，老挝人果然是非常好客的。

"店长叔叔，你们店里的东西真是太好吃了！"多多打着饱嗝，嬉笑着望着店长。

"哈哈，这里的菜肴都是按老挝人传统烹饪工艺制作的，如果下次你们再来老挝游玩，记得一定要来我的店里吃东西！"店长爽朗地

笑着，三个人更是开心。

店长和路易斯大叔喝了几杯香甜的米酒，还送给米娜和多多一些老挝甜点，可惜两个孩子实在是吃不下了，但还是兴高采烈地装在了背包里。

走出老挝餐厅，酒足饭饱的两个孩子精神十足。

"老挝的菜肴真是太好吃啦！"多多回味着老挝美食。

"中国菜也很好吃，有机会我请你吃我的家乡菜，那可是世界上最好吃的东西！"米娜想起了自己的家乡菜，不禁自豪起来。

"我妈妈做的烤牛排也很好吃，中国菜会比烤牛排还好吃吗？"多多不以为然地说道。

"呵呵，孩子们，各个地方的美食各具特色，因为制作工艺的不同和饮食文化的差异，不能相互比较，就像中国的饺子和美国的披萨，都是世界饮食文化的组成部分，都是美味佳肴。"路易斯大叔微笑着告诫道。米娜和多多便停止了争执，三个人骑上自行车继续前行。

　　"路易斯大叔，我们下午去哪里玩呢？我快骑不动了！"骑着自行车的米娜噘起了小嘴，白净的脸上挂满细密的汗珠。

　　"老挝的中午真是太热了，你们想不想一起去玩水呢？"路易斯大叔回头望着气喘吁吁的孩子们，笑着问道。

　　米娜和多多马上来了精神，跟着路易斯大叔一起向南宋河骑去。

第12章

小水手多多

在成排的吊脚楼旅馆旁边，南宋河缓缓地流淌着，远处山峦起伏，形态各异的参天大树在这里生长，种类繁多的野生动物在这里繁衍，肥沃的南宋河流域孕育了这里生机勃勃的动植物。由于这条河河水充沛清澈，这里也成了中外游客皮艇漂流的首选地点。

路易斯大叔一行三人骑着山地车，远远地看到成群结队的游客，宽阔的河岸靠满了各式各样的皮划艇。

"到了，到了。"多多兴奋地叫道，他们赶紧停车准备这次漂流的必备品。

　　商店里陈列了款式多样的船桨、安全帽、救生衣，这里仿佛正在举行游客们的漂流盛会。兴奋的米娜和多多迫不及待地挑选喜爱的漂流用品。除了路易斯大叔挑选的皮划艇，多多挑选的几对船桨，可爱的米娜还挑选了一把粉红色的太阳伞。

　　"路易斯大叔，这个小船真有趣呀，像是个会游泳的大胖娃娃。"米娜坐上了皮划艇，兴奋地左摇右晃。

　　"呵呵，米娜，皮划艇的学问可大了！最早的皮划艇出现在880年，那时皮划艇的材质是各种动物的兽皮，当时亚述人首先使用了这

种兽皮小艇，成为人类使用皮划艇的最早记载。在中国，宋、明两代也出现了兽皮充气的皮划艇。有了它们人从此能够轻而易举地通过河流，兽皮艇也就是现代皮划艇的雏形。"路易斯大叔微笑着告诉孩子们。

"我们这艘皮划艇也是动物皮制作的吗？真是太有趣了！"多多拍着鼓囊囊的皮划艇，充满了兴趣。

"多多，当然不是啦！随着科技的发展，现代人不再使用兽皮制作皮划艇了，现代皮划艇的材料主要有天然橡胶和塑料两种，天然橡胶制作的皮划艇成本高、产量少，但耐磨耐用，可以用来执行各种水上任务；相比之下，塑料皮划艇则更加美观，成本也很低，比较适合大量生产，也成为了漂流项目的主要用船，我们这艘皮划艇也是采用塑料制作的。"路易斯大叔拍拍色彩斑斓的小艇，微笑地望着两个孩子。

随着参加河流漂流的游客们逐渐增多，河道里已经挤满了五颜六色的皮划艇，生动有趣的皮划艇比赛即将进行，穿着厚厚的救生衣的路易斯大叔三人早已整装待发，成群的皮划艇纷纷顺流而下。

河岸两边风景秀美、绿树成荫，仿佛一个天然大花园，但此时米娜和多多没有工夫欣赏美景，他们正和其他皮划艇上的人热火朝天地打着水仗，路易斯大叔则十分卖力地划着船桨，整个南宋河流域仿佛成了欢乐的海洋。

"哈哈，路易斯大叔，真是太好玩了！"多多和米娜左右摇晃，皮划艇也跟着左右摇晃，三个人全身都被其他小艇溅起的水花淋湿了。

"孩子们，你们要尽量趴在皮划艇上，这样才能降低重心，小艇就不会过分摇晃，这样我们的皮划艇就会稳步前

进。"路易斯看着左右摇晃的孩子们，冷静地指挥道。

听了路易斯大叔的话，两个孩子马上一左一右地缩在皮划艇里，慢慢地控制住了自己的身体，皮划艇的前进也就更加地顺利了，但孩子们和其他皮划艇上的人的水仗依旧激烈，河面上充满了欢声笑语。

漂流一段距离后，水流逐渐湍急起来，大家也都卖力地划着船桨，希望能够尽早到达漂流的终点。眼看终点就在眼前，多多也勇敢地加入到划桨的行列。

"多多，你负责在左侧划桨，我就在右侧划桨，注意划桨节奏要

和我保持一致，这样船只受到的推力就会集中在船的后侧，皮划艇就能够快速前行，米娜负责为我们挡住别的小艇的水花，我们一起加油吧！"路易斯大叔沉稳地指挥着孩子们。

听了路易斯的话，米娜赶忙拿出自己准备好的太阳伞，帮助路易斯和多多挡住四处飞溅的水花，多多更是使出了吃奶的力气，逐渐掌握了划桨的技巧，跟上了路易斯大叔划船的节奏，他们的皮划艇果然速度越来越快。

"哈哈，多多，你真棒，像是一个勇敢的小水手！"米娜一边帮多多撑着雨伞，一边为勇敢的多多加油。

听了米娜的鼓励，多多划得更加卖力了，经过三人的齐心协力，皮划艇很快到达了终点，虽然他们并不是第一名，但米娜还是兴奋

得手舞足蹈，而多多则一点力气也没有了，筋疲力尽地趴在皮划艇上。

"路易斯大叔，玩得真是太尽兴了，但好累呀。"顽皮的多多告诉路易斯大叔。

"孩子们，你们看那边。"路易斯大叔指着远处的水域，前面便是游客们的休闲区了。休闲区不仅风景秀美，水质清澈，而且休闲设施齐全，游客们在这里尽情享受着大自然的魅力。世界各地、肤色不同的游客们坐在彩色的轮胎上，一边喝着各种啤酒饮料，一边在河流上慢慢地漂流，好不惬意。

经历了惊险刺激的漂流，三个人回到南宋河的吊脚楼休息，期待着有更加妙趣横生的探险。

第13章

坐着长尾船出发吧

"今天天气真好呀，我们出发咯！"太阳刚刚出来，路易斯大叔便招呼孩子们起床了，阳光照射下，大地焕发出勃勃的生机，果然是个好天气。

"路易斯大叔，这么早起来去哪儿呀？"米娜和多多睡眼惺忪地洗漱起来，心里满是疑惑和期待。

"我们要乘坐长尾船去老挝的童话世界！"路易斯大叔微笑着说。

    "长尾船？童话世界？一定很有趣！"两个孩子收拾妥当，跟着路易斯大叔首先来到了琅勃拉邦市郊区的码头，形态各异的船只停靠在这里，为客人们提供游玩和运输服务。

    "路易斯大叔，这就是长尾船吧？"多多指着一条有着弯钩尾巴的船问。

    "没错，多多！这便是老挝的长尾船，尾巴长长的、弯弯的。船上不仅有大量的鲜花作为装饰，还有可以遮风挡雨的布蓬，这种船主要是为游客旅游观光提供服务的。因为老挝河流众多，这种长尾船长久以来成为了老挝便捷安全的水上交通工具，深受世界各地游客们的喜爱。"路易斯大叔讲解道。

　　不一会儿，三个人乘坐的长尾船起航了，米娜和多多兴奋地观赏着河岸两旁的美景，岸上不仅有建筑风格各异的高脚屋，装修精美的豪华别墅更是花丛簇拥，让人应接不暇。岸上来来往往的老挝人忙忙碌碌，让人感受到独特的老挝生活情趣。

　　"路易斯大叔，快看！她好像是在叫我们！"多多望着远处的一艘小船，船上戴着斗笠的老挝姑娘正冲着他们招手。

　　"她认识我们吗？"米娜纳闷地望着路易斯大叔。

　　"哈哈，这是船上商店！"路易斯大叔微笑着说。果然不错，小小的船上堆满了各种饮料、小吃，还有色彩鲜艳的热带水果，细心的船主将各种食品装到小小的袋子里，游客们吃起来非常方便。

　　多多看到各式零食高兴极了，从小小的"水上商店"购买了几包水果干，还买了三瓶新鲜的水果汁。

　　"哇，好多水果干呀！这是香蕉干，这是火龙果干，咦，这个黄澄澄的是什么水果干？"米娜翻看着各式各样的零食，好奇地望着路易斯大叔。

"我看看，这是晒干的菠萝蜜，真香呀！菠萝蜜树属于乔木，喜欢热带气候，因此在老挝分布广泛，是亚热带、热带地区常见的植物。菠萝蜜的果实可谓大名鼎鼎，是世界上最大、最沉的水果，它的果实香味浓郁，果肉非常细腻，因此有'热带水果皇后'的美誉。生活在热带、亚热带的人们往往将菠萝蜜制作成果干，呈橙黄色，香气芬芳诱人。你们尝尝菠萝蜜干，多香呀！"路易斯大叔嚼着香气扑鼻的菠萝蜜干，向孩子们讲解道。

"果然好香呀！"米娜拿起菠萝蜜干放在鼻子前，浓郁的香气让人心旷神怡。

　　"路易斯大叔，这是花生糖吧？"一旁的多多正在嚼着什么糖，里面的内核吃起来像是花生。

　　"我来看看，圆乎乎、毛茸茸的，真特别！我尝尝！"一旁的米娜尝了一颗，果然又甜又脆，像是包裹着一颗花生。

　　"孩子们，你们猜对了一半。这是越南著名的排糖，确实是用花生制作的，因为越南靠近老挝，因而这里的居民能品尝到正宗的越南排糖。"路易斯大叔告诉米娜和多多。

　　"排糖？好奇怪的名字！为什么不叫作花生糖呢？"多多顽皮地笑着，米娜也赞同地点着头。

　　"哈哈，排糖的制作可不是那么简单的事，小小的排糖一共分为四层呢！最外面毛茸茸的材料便是当地的椰蓉丝，吃起来清脆可口；里面一层是脆皮，能够增强排糖的口感；再向里面便是奶油了，因此

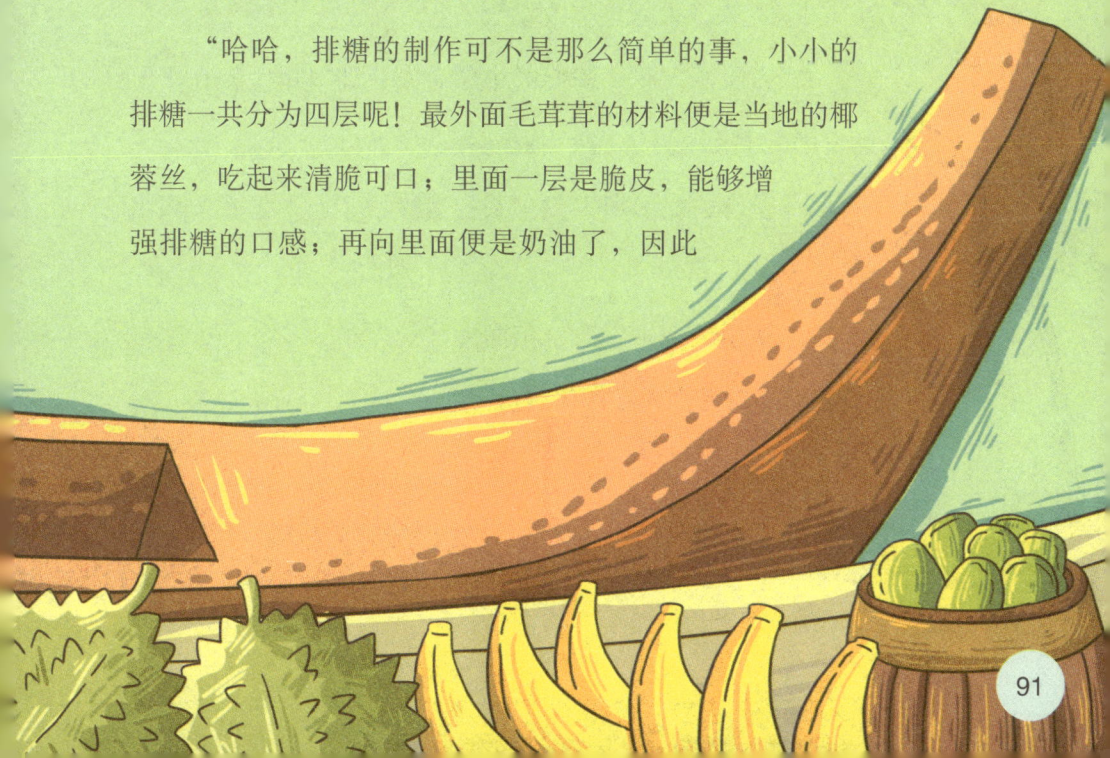

排糖吃起来非常香甜；最里面的是一颗花生或者腰果，也是最为香脆的部分了。在越南，排糖是当地家喻户晓的传统美食，最早当地居民们需要排着队才能买到，'排糖'便因此得名。"听到孩子们称"排糖"是"花生糖"，路易斯大叔赶忙向孩子们讲解排糖的名字来历和相关的制作知识。

小船顺着河道缓缓地前行，时间不知不觉到了中午，米娜和多多的肚子咕咕地叫了起来，去哪里吃饭呢？

"路易斯大叔，我们的小船是不是要靠岸呢？在水上我们怎么吃饭啊？"小馋猫多多又开始惦记吃饭了。

"是呀，路易斯大叔，我也有点饿了。"米娜随声附和着多多。

"孩子们，别着急，前面便是餐厅了，让我们大吃一顿吧！"路易斯大叔微笑道。

前面？米娜和多多都纳起闷来：前面的湖面只有一艘大大的船，哪里有餐馆？

"孩子们，听说过'船屋'吗？"路易斯大叔故意要考考孩子们。

"这个名字好熟悉！我想想，在中国我好像听说过这个名字，但不知道什么是船屋。"米娜兴奋地嚷道。

"不错，船屋是中国海南黎族的传统民居形式，被当地人称为'船型屋'，当地人利用树木、竹子等材料作为支架，采用茅草等材料作为顶棚，因为搭建起来的屋子非常低矮，和船只的船舱非常相像，所以就被称为'船屋'。你们看前面那艘大船，

里面便是游客们用餐的地方，虽然功能上类似船屋，但建筑材料和风格已经非常现代化了，因此我们称它们为'水上餐厅'，中午我们便在那里吃东西吧！"路易斯大叔顺便为孩子们普及了船屋的相关知识，孩子们一听说"水上餐厅"有东西吃，就有点迫不及待了。

显然这艘水上餐厅和海南的船屋差异较大，虽然只是一艘大船，但仔细端详则更像是一栋水上别墅，自身装修和周边环境简直浑然天成，水上餐厅还培育了一些热带观赏植物作为装饰，再结合山清水秀的自然风光，让每一位来宾都能享受和大自然融为一体的美妙感觉。

路易斯大叔和孩子们会在水上餐厅吃什么美食呢？

第14章

神奇的水上餐厅

路易斯大叔他们乘坐的小船缓缓靠近水上餐厅，这里早已停满了各式各样的船只，看来这里的餐饮生意非常火爆，还没来得及上岸，热情的服务员便迎了上来，友好地将他们拉上水上餐厅。

"尊贵的客人们，欢迎来到水上餐厅，在这里，您不仅能品尝到当地美食，更能领略沿途的风景。"服务员彬彬有礼地说道。

"哈哈，我还是第一次在船上吃饭呢，真有趣！"米娜和多多兴奋极了，四处打量着装修精美的水上餐厅：餐厅仿佛戴着一顶大大的三角帽，下面矗立着一根根笔直的圆木作为支撑，水上餐厅的四周是做工精细的围栏，雕琢着各式奇形怪状的花纹，两个孩子忍不住俯身仔细观看。

　　"咦？路易斯大叔，这些花纹雕刻的图案我好像在欧洲见到过！"多多越看越熟悉，不禁嚷了起来。

　　"多多，你是不是看错了，难道欧洲也会有老挝风格的花纹？"米娜不以为然。

　　"米娜，这不奇怪，早在18世纪，老挝便是欧洲国家的殖民地，即使在老挝独立的今天，欧洲文化对老挝的影响依然存在，无论是建筑风格还是装修设计，大到佛塔王宫的设计，小到各式花纹的雕刻，或多或少的都融

合了欧洲的文化元素。虽然野蛮的殖民行为确实给老挝人民带来了苦难，但其对于老挝文化多元化有一定的积极作用，多多觉得这些花纹图案很眼熟也就不足为奇了。"路易斯大叔微笑着解释道。

"客人们，午餐已经准备就绪！"听到服务员的提醒，米娜和多多才想起了自己咕咕叫的肚子，赶忙跟随着服务员进入到了宽敞的用餐大厅。

虽然只是一艘大船，但船上的餐厅用品一应俱全，用餐大厅里整齐地摆放着十多张整洁的餐桌，笑容可掬的服务员们用老挝语问候客人。与此同时，水上餐厅顺着水流缓缓地移动起来，远处的风景也随之变幻，客人们仿佛坐在一张变幻莫测的魔镜前就餐。

就餐之前，服务员为路易斯大叔三人端上新鲜的水果，除了菠萝蜜、榴莲、西瓜等

常见热带水果外，一盘黄澄澄水果引起了孩子们的兴趣。

　　"这是什么？"贪吃的多多拿起一瓣水果，掰开一看，却有些陌生。

　　"这是我们当地的佛手果，这种水果可是用途广泛：里面白嫩嫩的果实不仅香甜可口，更是加工各种水果制品的重要原料，甘草佛手等老挝传统美食都用它作为原材料；除此之外，佛手还是重要的药材呢！其果实干有一股淡淡的香味，长期食用对胃和肝非常有益；佛手果还能制作成佛手露等日常生活用品；使用现代工艺从佛手叶、花等部位提取的香精油还是食用香料的重要原料！"一旁的服务员看到一

脸茫然的多多，热情地为他介绍道。

"原来佛手有这么多的用途，真是一种神奇的水果呀！"听了服务员的介绍，米娜赶忙掰下一瓣品尝，果肉果然香嫩可口。

不一会儿，成盘的老挝特色美食端了上来，老挝糯米饭香浓可口，窗外原生态的美景更是锦上添花，随着水上餐厅的移动，两岸巍峨的山峰、翠绿的植物仿佛有了生命，缓缓向后移动，孩子们兴奋地左顾右盼。

"对啦，路易斯大叔，这里这么漂亮，是不是你说的童话仙境呀？"米娜望着窗外的美景，不仅想起路易斯大叔提到过的人间仙境。

"呵呵，米娜，不要那么心急，先好好吃饭，下午就能到童话仙境啦！"路易斯大叔看着满怀期待的米娜，不禁笑了起来。

听说下午就要到达童话仙境，孩子哪有心思好好吃饭，不一会儿，米娜和多多便催着路易斯大叔出发，于是三个人重新回到了长尾船。经过一段时间的行驶，路易斯大叔带着孩子们又坐上了开往景区的大巴，不一会儿，大巴到达了风景秀丽的景区。

米娜拉着多多迫不及待地跳下车来，急着去看看童话仙境到底是什么样子，三个人沿着长长的木制栈桥前行，远远便听到轰隆隆的声音。

"这是什么声音！难道发生地震啦？"胆小的米娜不禁攥紧了路易斯大叔的手。

　　"哈哈，米娜，这是瀑布的声音，这里便是老挝大名鼎鼎的关西瀑布。它起源于岩壁上的一个浅水池，垂直高度达到50米，瀑布一泻而下，冲刷出一个巨大的天然水池。在瀑布景区的上方，工作人员为游人们修建了许多便于观赏的通道，参观者可以在瀑布顶端俯瞰整个瀑布景区，各种风格的木制桥梁也为景区增添了一道道亮丽的风景。现在这里成了世界各地游客休闲旅游的天堂，我们快去看看吧。"

　　老挝真的有童话仙境吗？童话仙境是什么样子呢？请大家随他们一起去看看吧。

第15章

老树的童话仙境

　　路易斯大叔带着两个孩子继续前进，蒙蒙的水雾中，巨大的瀑布景观映入眼帘。参天蔽日的大树下，波涛汹涌的瀑布如同千军万马，疾驰而下，瀑布的底端则是一个大大的水池。不同肤色旅行者在这里乐此不疲，有的在岸边悠闲地喝着啤酒、有的在水中尽情地打闹嬉戏，有的在水帘前留下倩影，他们尽情地享受着与大自然亲密接触的美妙。

　　"哇，白白的水雾，高大的古树，欢乐的游客，这里真是童话仙境，我们快去换泳装吧，我要去玩玩水。"看着水池中玩得畅爽的游客，多多早就按捺不住，拉着米娜和路易斯大叔去附近的更衣室换衣服。

将身体浸泡在淡蓝色的溪水中，路易斯大叔一行三人感觉到前所未有的畅爽，纯净冰凉的泉水冲刷掉了三个人所有的疲惫。米娜、多多和水池中的孩子们打起了水仗，来自世界各地的孩子在这里闹成一片，仿佛一个小型的世界幼儿园。

　　顽皮的多多戴上泳镜，和黑人小玩伴在水中捉鱼，玩得不亦乐乎。有些胆小的米娜套着圆鼓鼓的游泳圈，一会儿守在路易斯大叔的身边，生怕自己被溪水冲走；一会儿又忍不住加入孩子们玩耍的的行列，让人看了忍俊不禁。

　　"米娜，我考考你，知道这是什么植物吗？"路易斯大叔指着头顶上遮天蔽日的大树，望着一旁玩水的米娜问道。

米娜抬头仔细端详起了大树：大大的树冠没有边际地扩展开来，长长的絮条从树冠延伸到树根，漂浮在淡蓝的溪水上，仿佛少女垂落下来的秀发。最让人惊叹的则是粗而壮的树根，纹路清晰的根须错综复杂，在粗壮的树干下方延续，粗糙的仿佛老者厚重的手掌。

"我不知道，路易斯大叔，快告诉我吧！"米娜噘着嘴巴，向路易斯大叔撒起娇来。

"米娜，这可是榕树哦！它的树冠非常大，好像一顶庞大的雨伞，主要生长在亚洲的热带地区。这种植物不仅形态特殊，根部更是与众不同，粗壮的根部在土壤中还会生长出我们称作'支柱根'的新生树干，榕树的枝干还能够生长'气生根'。除此之外，庞大的榕树可谓'独木成林'，往往一棵大大的榕树可以供成百上千人一起乘凉。目前历经沧桑的百年榕树成为全世界珍贵的生态资源，许多游客慕名而来，只为一睹其芳容，它也就成了众多景区的'超级明星'了呢。"路易斯大叔微笑着介绍道。

在枝繁叶茂的榕树的树荫下，悠闲的游客们吃着老挝美食，喝着清爽的啤酒，举行着各种惊险刺激的活动，多多也跟随着小玩伴们在水草间四处穿行。

"路易斯大叔，快来这边呀，这边有好玩的活动！"多多兴奋地叫嚷着，远处高高的石壁上，穿着泳衣的游客从高高的石壁上跃起，落入如镜的潭水里，激荡出一片绚烂的水花，周围的游客们兴奋地鼓起了掌。

"看起来真有意思，你们也上去跳一下吧！"路易斯大叔微笑着望着两个孩子。

"啊！我可不敢跳呀！我不……石壁好高呀……"米娜看着

植被丛中的石壁，一个劲儿地摇头。

"看我的！"多多说着便蹿上了高高的石壁，米娜吓得赶紧闭上了眼睛，路易斯大叔则和其他游客为多多鼓掌加油。

"我——来——啦！"多多高高地跃起，身体在空中画出弯弯的曲线，扑通落入水中，路易斯大叔忙游过去查看，多多嘻嘻笑着从水中露出脑袋。

"多多，你真棒！以前我只看过跳水比赛，没想到高高的石壁上也可以跳水呀！"米娜冲上来赞扬多多，同时对跳水这项运动有了新的认识。

"跳水运动有很多种，我们在电视上看到的是竞争非常激烈的竞技性跳水比赛，其实还有非竞技性的跳水运动，它包括表演、娱乐、实用三种类型，有着明确军事、生产活动的跳水活动为实用性跳水，为庆祝节日进行的表演性跳水也是很常见的，最后一种便是我们今天看到的以健身和娱乐为主要目的的跳水活动。"路易斯大叔为孩子们讲解了跳水运动的分类。

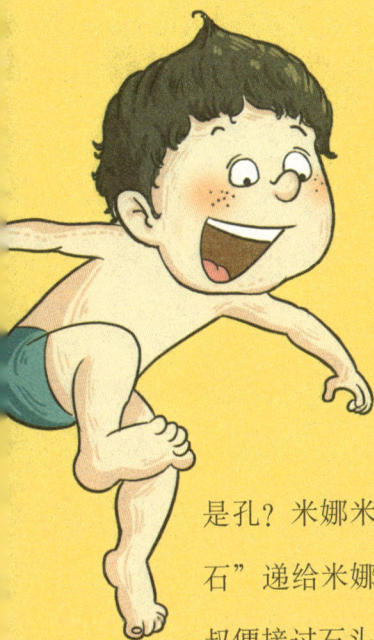

"哇，没想到跳水还有这么多的分类，真好玩！"米娜看着飞鱼般纷纷入水的游客们感叹道。

"哎呀！"多多大喊一声，钻到水中摸索起来，"还以为被螃蟹夹了脚，原来是踩到了石头上。咦，这石头身上怎么都是孔？米娜米娜！你快来看看。"多多将自己捡到的"奇石"递给米娜，米娜看了半天也没有什么头绪，路易斯大叔便接过石头端详起来。

"大叔，这块石头看上去好像马蜂窝呀！"米娜疑惑地望着路易斯大叔。

　　"米娜，是挺像的，但不是马蜂窝，这种石头俗称'孔石'，因满身都是小孔而得名，它的另一个名字是'石灰华'，一般是淡淡的红色或者乳白色，这种石头是一种叫作方解石的石头经过了溶解、沉淀、堆积等步骤产生的，其实也是石灰石的一种。在中国的医学系统中，石灰华有一定的医药价值，主要起清热消炎的作用，对于肺病的治疗有较好的疗效。"听了路易斯大叔的介绍，米娜和多多深深感受到了大自然的神奇。

　　太阳不知不觉地落了下去，夜幕一点点地蚕食着整个瀑布景区，

池水也越发冰凉，关西瀑布的游览真是太让人惬意了，米娜和多多对世外桃源般的环境恋恋不舍。

"走吧，孩子们，天要黑了，我们找旅馆休息吧。"路易斯大叔安慰着慢吞吞地游过来的孩子们，好好休息才能有精力继续玩更好玩的哦！"

听了路易斯大叔的话，孩子们乖乖地上了岸，穿好衣服后，来到了景区的旅馆休息，他们明天还会有怎样惊险刺激的游览项目呢？

第16章

石臼平原和酸枝饰品

米娜和多多跟随着路易斯大叔踏上了广阔的平原，远远地便能看到平原上凌乱摆放的石臼，虽然在热气球上看这些石头只有拳头大小，事实上石臼们平均高度达到3米，着实吓到了米娜和多多。

广阔的石臼平原风光十分秀美，一望无际的平原点缀着形态各异的石臼，显得幽静而神秘。勤劳的老挝当地人在屋子的四周围上篱笆，饲养着各种家禽，过着世外桃源般的生活。来自世界各地的游客们络绎不绝地来到这里，有的是为了游览这里的原始风光，更多的游客则是冲着千奇百怪的石臼而来。

“对了，路易斯大叔，你还没告诉我们什么是石臼呢。”米娜假装不开心地噘起了

嘴巴。

"哈哈，米娜，石臼是人类在古时候用来加工粮食的器皿，将粮食放在凹陷的石臼槽里，采用石柱碾压的方式可以将粮食捣碎。虽然石臼平原的石臼形态上和加工粮食的器皿非常类似，但它们的形态又和平时我们见过的石臼不一样，它们又大又多，形态不一，大多采用大理石、石灰石等原料制成，距今也有2500～3500年的历史了。关于这些石臼的形成有着很多的猜想：有人认为这是古代老挝国王和勇士们喝酒的酒杯，还有人认为这些石臼是外星人留下来的！当然这些都只是传说。"路易斯大叔为孩子们讲解道。

"外星人？"米娜和多多吃惊地张大了嘴巴。

"因为这些石臼的制作材料——大理石、石灰石并不是石臼平原的特产，因此这些巨大的石臼很可能是从别的地方搬运过来的，但搬运重达几吨的石臼谈何容

易，所以很多人认为这些石臼是外星人留给人类的符号，但这仅仅只是一种猜想而已。"路易斯大叔解释道。

　　路易斯大叔说了这么多，米娜和多多迫不及待地走到这些庞然大物旁边，细致地观察着这些形态各异的石臼。这里可以看成是大自然对老挝的馈赠，目前石臼平原已经成为世界闻名的旅游景点，单单是在他们设定游览的区域便有多达250个石臼呢！

　　看着形态各异的石臼，米娜和多多兴奋地和路易斯大叔玩起了捉迷藏。虽然路易斯反复强调要注意安全，顽皮的多多还是藏到了一只歪斜的石臼里，让路易斯大叔和米娜找了半天呢。

　　"路易斯大叔，为什么石臼平原有很多大大小小的坑呢？

真是太奇怪了。"米娜望着坑坑洼洼的平原，不禁疑惑起来。

多多仔细观察平原的四周，果然能见到大小不一的坑洞，难道这些也是外星人留下的？

"呵呵，孩子们，这可不是外星人留下的，这是战争的痕迹。在老挝的历史上，石臼平原曾发生过激烈的战争，这里的人们备受战争的煎熬，这些石臼虽然保存良好，但石臼的挖掘却因为战争原因延缓了好多年。战争是人类的噩梦，延缓了人类文明的进程，在人类的历史上，很多珍贵的文物都被战争无情地吞噬了！"路易斯大叔说到战

争语气不禁沉重起来，看来石臼能保存完好真是不幸中的万幸。

　　游览了神秘的石臼平原，路易斯大叔带着两个孩子回到了热气球上，继续开始空中之旅。

　　"路易斯大叔，过几天我们的旅程就要结束了，我想买点老挝的特产送给妈妈！"米娜忽然想起了家乡的妈妈，希望能带个礼物回去。

　　"我也是，但不知道带什么好！"多多急忙迎合着，看到孩子们急切的表情，路易斯大叔很是赞许。

　　"你们都是孝顺的好孩子，礼物的事情包在路易斯大叔的身上。一会儿我带你们去个好地方，那里有老挝最有名的特产呢！"路易斯大叔微笑着说道。

热气球旅行结束后，路易斯大叔带着孩子们马不停蹄地前往市区，他说的最有名气的特产便是老挝赫赫有名的红酸枝。近年来，红酸枝的价格不断攀升，老挝的红酸枝交易形成了较大的规模。路易斯大叔带着孩子们坐着旅游大巴，前往当地最为繁华的红酸枝交易市场。

　　"路易斯大叔，什么是红酸枝呢？是不是又红又酸的树枝呢？"米娜眨着大眼睛，好奇地望着路易斯。

　　"在老挝，红酸枝又被称为'紫榆藤'，这种树木只有经过数百年才能成材，是仅次于檀木的名贵木材呢！红酸枝是一种非常特殊的木材，切开后会发出淡淡的馨香，原来赤红的木材也会因为被氧化变为暗红，而且红酸枝的鬃眼又细又密，这些特征都是鉴别红酸枝真

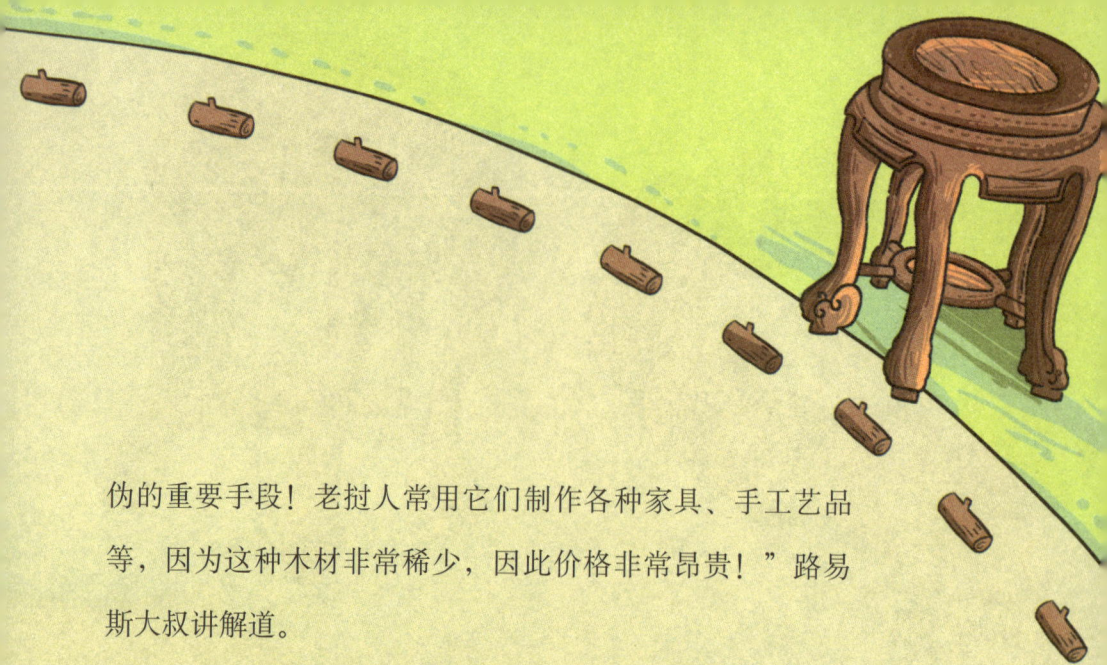

伪的重要手段！老挝人常用它们制作各种家具、手工艺品等，因为这种木材非常稀少，因此价格非常昂贵！"路易斯大叔讲解道。

刚到红酸木交易市场，两个孩子便被市场里喧闹的叫卖声吸引住了，摆满红酸木制品的摊位彼此相连，叫卖声更是此起彼伏，世界各地的游客们来往穿梭其中。这里既有高高大大的红酸木柜、雕塑，又有制作精美的红酸木扇子、花瓶，置身其中，仿佛来到了一个满是木香的童话世界。

"快看，这是什么？像是一个大大的橙子！"多多在一个摊位上看到了一对橙子大小的木球，瞬间有了兴趣。

　　"这是健身球，原来是中国民间非常有名的保健器材，现在已经风靡亚洲，尤其受到中老年人的青睐。你们看，这便是采用老挝红酸木制作的健身球！"路易斯大叔说着便拿起木球把玩起来，两个健身球在他手里转来转去，像是两个要好的朋友。

　　"怪不得我看着这么眼熟，但两个小小的木球有什么用呢？"米娜不解地看着路易斯大叔。

　　"健身球运动是一种指掌运动，能够促进手指和手腕的活动，另外健身球还能调节中枢系统的神经，从而达到强身健脑的功效，不仅能够消除大脑的疲劳，还能保证大脑血液循环更加合理，它对老年人身体的保健效果尤为明显！"路易斯大叔耐心地为孩子们讲解保健球的神奇效果。

"哈哈，原来小小的木球有这么大的作用，我要买来送给爷爷奶奶！"米娜和多多不约而同地说道。就这样，除了红酸木保健球，米娜还挑选了红酸木梳妆盒送给妈妈，多多则挑选了红酸木的茶壶送给自己的爸爸。不一会儿，两个孩子便买齐了送给家人的礼物，路易斯大叔带着他们满载而归了。

三个人愉快地结束了老挝之旅。